野良着に魅せられて

福岡サヨ

目次

野良着に魅せられて

■地域の民俗、次世代に

■年譜

■女の歴史を伝えたい

自給自足だった農村

田植えが盛りですね。今は機械だから、あっという間に終わってしまうものね。私が子どもの頃は全部手作業。田植えの時は、親戚や集落に手伝いを頼んでも何日もかかったものです。

だけど今の田んぼは寂しいですね。人もいないし、みんな同じ格好だもの。作業着は量販店で売っているのでしょ。昔は女たちが心を込めて縫った野良着を着て田んぼに出ました。着丈やすね回りなんかも着る人の体にぴったり合わせていましたよ。おしゃれ心もあって、姉さん方の装いに見とれたものです。

最初に引かれたのはテウェでなかったかな。テウェというのは私が生まれた合川町(現北秋田市)の言葉で、農作業の時に手を守る「手甲」のことです。田植えの休憩中、若い嫁さんたちが畦《あぜ》に腰掛けて、テウェの赤いひもっこ結び直していた光景が今も目に浮かんできます。もう80年近くも昔。当時の野良着というのは、地味な縞《しま》や紺の絣《がすり》の上衣に黒っぽいモンペだったから、テウェのちょこっとした赤が目立ってね。こっちの言葉で言えば「ぎゃんに（とても）きれいだな」と思ったもんです。

自給自足だった昔の農村では、女の働きは欠かせなかった。手間と知恵と美意識が込められた野良着はその象徴です。でも高度成長期を境に消えてしまったものね。55歳で教員を辞めてから野良着の研究を始めたのは「女の歴史を残さねば」と思っていたからです。本を自費出版し、女性民俗学研究会の研究誌にも発表して、随分反響がありました。

地域のおばあさん方には随分といろんな話を聞きました。作り方とか思い出とか。でももう教え

自作のテウェを着けて＝平成29年5月11日、北秋田市新田目の自宅

てくれる人はほとんどいない。聞くばっかりだった私に語る機会が来るとは想像もしなかったけど、女たちの歴史をお伝えできればと思います。

■ 摩当沢に生まれて

峠越え、母の嫁入り

生まれたのは下小阿仁村の摩当沢《まとうざわ》というところです。でもこの村のことを記憶している人はもうほとんどいないでしょ。昭和の合併で下小阿仁村は合川町に、平成の合併で今度は北秋田市になりました。村の名前はなくなったけど、摩当沢の地名は残っています。今はそこから6キロ北にある新田目《にいだめ》（北秋田市）という所に住んでいます。

母・成田（旧姓柴田）サトは下小阿仁村の隣、米内沢町（現北秋田市）の本城《ほんじょう》という所から、父・成田榮助の元にお嫁に来ました。私が生まれる前の年だから、昭和3（1928）年。結婚したいきさつは聞いたことがない。あの当時だから、地域の誰かがお世話してくれたのではないかなと思っています。

本城は摩当沢から山一つ越えたところにあって、その境には「鳥越坂《とりごえざか》」という峠があってね。頂上に石を置くとコロコロと転がっていくぐらい急で。母の嫁入り道具にたんすが2棹《さお》あったけれど、あれをどやして運んできたんだか。ほかに大きな竹行李《こうり》二つと、お腰（腰巻き）とか下着を入れるふた付きの箱。それと小さい鏡台もあったね。

この頃、嫁入りの面白い風習がありました。婚礼の晩か、その次の日か、親戚の人を集めてお嫁さんが持ってきた着物を公表するの。持っていない家は借りたそうです。ずっと後になって調べた時に、地域のおばあさん方が「めひるえんた（見せるような）錦紗《きんしゃ》の着物とか何もねして、みんな姉から、おばから借りて、たんすさひでいったもんだ」と言っていました。

聞いていませんが、母も見せたと思います。とにかく着物はびっくりするぐらい持っていたから。礼服用の絹の着物や、野良作業用の短い着物や

羽織を着て集落の運動会を見に来た母（右端）＝昭和24年

モンペ。母は父親を亡くしていましたが、兄が樺太（現ロシア・サハリン）に出稼ぎに行ったりして十分な準備をしてくれたそうです。中農（中規模農家）だった成田の家とは、まず釣り合いが取れていたのではないですか。

腰巻きが最初の産着

私が生まれたのは、昭和4（1929）年9月30日です。母サトが米内沢町（現北秋田市）から下小阿仁村（同）の父成田榮助に嫁いだ次の年でした。

今なら産湯に漬かったらすぐ産着を着せるでしょ。でも私が最初に身に着けたのは母の腰巻きだったの。あの頃は「生まれる前に産着を作っておくものではない」「あまり立派な産着を着せると丈夫に育たない」なんて言われていたのです。

昔は出産で子どもが死ぬことも多かった。腰巻きのような粗末なものに包むのは、子どもを丈夫に育てたいという女の祈りみたいなものでなかったでしょうかね。ずっと後で母に「どんた腰巻きだった」と聞いたら、「赤いネルのぬぎぃ（暖かい）やつ」と言っていました。

実際に産着を着るのは生まれてから3日後ぐらい。これにも母の祈りがあった。産着は一つ身だから、大人の着物と違って背縫い（背中の真ん中で布を縫い合わせた縫い目）

がない。背縫いは悪霊の侵入を防ぐと信じられていたので、それに代わるおまじないとして母親たちは産着の背中部分に三角の布を縫い付けたり、「背守り（背紋）」という刺しゅうをしたりしたものです。うちの母も背紋の見本帳を持っていました。

もっと成長すると繭を縫い付けました。蚕とか、この辺で「ヤマピコ」と呼んでいたウスタビガの繭。繭の中に小豆を入れることもありました。そうすると子どもが動いても音でどこにいるか分かるでしょ。自分の時は分からないけど、妹や弟たちの産着や着物に背守りや繭が

母の残した見本帳（下）を基に作った背紋＝北秋田市の自宅

あったのを覚えています。

父が23歳、母が18歳の時に生まれた私は7人きょうだいの一番上です。サヨという名前は、隣のおばあさんの名前からもらったと聞きました。すごくさかしい(頭が良い)人であったそうです。年子の妹は3月に生まれたからハル。その下は全部弟で勇助、義助《よしすけ》、清助《きよすけ》、憲助、孝助《たかすけ》。孝助とは14歳も違いました。

「やかねご」のいる家

下小阿仁村（現北秋田市）の摩当沢《まとうざわ》にあった成田の家は、祖母ユキが跡取り娘で、祖父仁吉《にきち》を婿にもらいました。結婚してしばらくたっても子どもが生まれなかったので、跡取りとして永吉という養子を迎えました。だけどその後、実子のキヨ（伯母）と榮助（父）が生まれたのです。長男の永吉と次男の父は20歳も離れていました。

この辺では、養子をもらった後に生まれた実子のことを「やかねご」と言っていました。「やがねる」というのは、嫉妬するという意味だね。うちも養子をもらった後に父が生まれたから、そんなことを言われていたようです。あの頃は家の中に序列があって、一番が家長、次が跡取りの長男。いくら実子といっても父は次男だった。

だけど難しいことはなんもなかったよ。私が生まれた頃、祖父が隠居して家長は伯父の永吉だったけれども、跡継ぎは次男の父と決まっていたからね。永吉伯父には上小阿仁村からもらった嫁さんとの間に男の子1人がいたけれど、子どものうちに亡くなってしまった。それに伯父自身、体が弱かったから家のことには口を一切出さず、家業や村の仕事は父がほぼ取り仕切っていました。

永吉伯父は若い頃、田んぼの仕事の傍ら、材木の運搬をしていたそうです。下小阿仁村は土場（材木置き場）があるほど林業が盛んだったのよ。山から切り出した材木で筏《いかだ》を組んで、小阿仁川を下って能代まで運ぶ。1人じゃなく、仲間っこで行ったようです。能代に料亭があるでしょ。そこでみんなでお酒飲んで、帰りは歩き。家には筏を操る時に伯父が使っていた5メートルぐらいの長い棹《さお》がありました。だけどこの仕事のせいで伯父は腰を悪くしてしまって、歩けなくなったそう

家を継ぐことになった頃の父榮助（後列右端）＝大正14（1925）年

です。

父は運搬の仕事はしないで農業一点張り。私が生まれた頃の田んぼはおよそ9反（約90アール）しか作ってなかったけど、父が家を継いで随分広げました。

「かまど」預かる伯母

昭和4（1929）年に私が生まれた頃、家には4人の女がいました。祖母ユキ、伯父永吉の妻サタ、父の姉キヨ。そして母サト。当時の年齢は祖母60歳、サタ39歳、キヨ32歳、サト18歳。この中で一番権力があったのがサタだったね。

「かまど」って分かります？　家とか財産という意味ですけど、そのかまど預かっているのが当主の妻。まず姑《しゅうとめ》ですね。今の嫁さんは働きに出て自分のお金を持っているけど、昔の農家は家が仕事場だったから姑の言うことを聞くしかない。気の強い姑だと、意地悪されて泣いて実家さ逃げて行っただの、ぼだされた（追い出された＝離婚された）だの、大変な目に遭った人もいました。いずれ姑が年いけばかまど渡されるけど、それまで我慢さねばならなかった。

母が嫁に来た時、もう祖母は隠居して、サタ伯母にかまど渡してあった。だけどうちに嫁姑のいざこざはなかったね。跡取り娘の祖母は鷹揚《おうよう》で細かいこと言わねかったし、サタ伯母も母につらく当たることはなかった。自分に子どもがいないから、年取ったら母たちの世話にならねばならねと思っていたのでないですか。それに母も次々と子ども生まれて、その面倒を伯母たちが見てくれたからありがたかったと思う。女たちは姉妹みたいにしていましたよ。

ただ永吉伯父が亡くなった後もサタ伯母が母にかまどを渡さなかったので、当主になった父は面白くなかったようです。でも男は家政に口出ししないものだからね。それに母が何とも思っていなかった。

私たちも不自由なことは何もなかった。サタ伯母は卒業式で着る着物とか運動会の靴とか必要なものがあれば、市日に一緒に

家政を切り盛りしていたサタ＝昭和23年ごろ

行って「どれ好きだ。おめど（お前たち）選べ」って選ばせてくれた。いつだったか、チャック付きのバッグを旅行のお土産でくれたこともあった。お金に関する家の事情を知らなかったもんだから、子どもたちの間でサタ伯母の株は随分上がったものだった。

糸車を回す祖母と母

文久2（1862）年生まれの祖父仁吉《にきち》は、私が1歳の頃に亡くなりました。だから記憶はない。その代わり明治元（1868）年生まれの祖母ユキのことは覚えています。私がたは「ババコ」って呼んでました。

ババコは年いってたから家の中の仕事をしていました。よく覚えているのが糸車。囲炉裏《いろり》がある居間の隣に「えどこ」という板敷きの部屋があって、そこで糸車を回してあった。

今は麻の栽培は禁止されているけど、昔は着物などを作るのに必需品であったからどこの家にも麻畑がありました。人の背丈より大きくなる麻を扱うのは大仕事で、集落には繊維を取り出すのに使う「糸煮釜」という大きな釜もあったよ。

取り出した繊維は苧績《おう》みといって、爪で細く割き、唾をつけながらで指で撚《よ》ってつないで1本にする作業をします。これを糸車で均等に撚りをかけて丈夫な糸にするの。

糸車の操作は単純なようで難しくて、ババコがいなくなれば私もまねしたけど、思い通りにはいかねっけ。糸ができたら機織り。私の家では土間の一部が板敷きになっていて、そこに機織り機を出して織っていました。絹を取るために蚕も育ててましたよ。こっちも繭から糸を取り出す時に煮るけど、麻と違って家で全部作業できた。

麻からは野良着のほか、どぶろくをこす袋とか、ジャッコ（魚）取り用の網とかを作りました。あと蚊帳もね。絹からは上等な着物を作りました。中でも父の羽織と袷《あわせ》はババコの一番の大作であった。染めだけは村の染め屋さんに頼んだけど、蚕を育てることから仕立てまで、文字通り手

下小阿仁村（現北秋田市）の女性が自家栽培した麻を紡いで作った貴重な野良着

作りだもの。

家族の衣類や家の道具をそろえるのは女の仕事でした。母も糸車や苧績みをやったけど、日中は田んぼがあるから仕事するのはいつも夜。布団の中で糸車の音を聞きながら「いつ寝るんだべな」と思ったものです。

「おがさん」に有頂天

昔の農家は自給自足が基本で、日常使うものはほとんど自分の家で作っていたものです。みそにどぶろく、にがりも作った。そもそも店が今みたいになかったものね。それでも年に何回かは買い物に出掛けました。約4キロ離れた李岱《すももだい》（北秋田市）には呉服屋とか雑貨屋があって、8の付く日には市も開かれた。山を越えれば米内沢の市もあったけど、まず買い物に行くったら李岱だったね。

一番買い物したのは、お盆と正月。お盆だったら「テン」。海藻のテングサね。これを鍋で煮詰めてから「だし」という四角い浅い箱に流し込む。固まったら細長く切って「てんつき」という筒状の道具に入れ、後ろから押せばところてんができるの。ショウガじょうゆで食べる。夏の一番のごっつぉでした。

正月はね、エイ。カスべって言っていたけど、1匹丸ごと買う。重いから頭に縄つけて、雪の上を引っ張ってきました。あとタラも引っ張ってきたな。ほかにつくだ煮や魚卵も買いました。食材以外では足袋や反物。反物は縞《しま》や絣《かすり》など日常着るようなものね。ほかにも農具や刃物も売っていた。

冬になると、市では店ごとにわらで編んだ「こも」を下げて仕切っていました。つくだ煮屋、雑貨屋…と並んで、こもの中で火をおこして、もの焼いたり煮たりして商売してあったね。

買い物は母の兄嫁のサタが行っていましたが、年いってかまど渡されてからは母が行くようになりました。ある時、市に出掛けた母は乾物など商っていたお店の人に「おがさん、甘酒飲んでいってたんひぇ」と声を掛けられ、買ってしまったんだ

ところてんを作るてんつき（手前）＝北秋田市合川支所の合川歴史民俗資料室

そうです。

あの頃、女の人の呼び方というのは若い嫁さんなら「アネ」、それから「アバ」になって、年いけば「ババ」。母はいっつも「アバ」だった。「おがさん」というのは格の高い呼ばれ方で、母はすっかり舞い上がってしまった。甘酒なんて、家でなんぼでも作ってるのにね。

田植え時は託児所に

下小阿仁村（現北秋田市）の摩当沢《まとうざわ》にあったうちは自作農で、9反（約90アール）の田んぼを作っていました。普段は両親と伯母2人の労働力で十分であったけど、田植えや稲刈りではほかに人を頼まねばならねかった。米内沢町（現北秋田市）の母の実家からも親戚に泊まりがけで手伝いに来てもらったこともあるし、「結《ゆ》いっこ」といって近所同士の助け合いもありました。

当時、摩当沢には30軒ほどの家があって、そのうち7、8軒ほどで結いっこをつくっていた。結いには決まりがあってね。隣の家から3人手伝いに来てもらったら、自分のうちからも3人出す。労働力を交換するのが基本だった。でも2人しか出せないこともあるでしょ。その時は代わりにお米を渡すとか、田の草取りの時も手伝うとかして補いました。

こういう交渉は女がやってたね。どうしても人が出せないという家があっても、「面倒見てたもれ」と頼まれれば手伝いに行ったようです。結いは田んぼだけじゃないもの。病人が出たときや葬式のときも、結いっこの家が真っ先に手伝いに行っていました。ほかにもわらじを作ったり、縄をなったりするときも結いっこの家が集まって作業したものです。みんなで集まるとおしゃべりしたりして楽しいいし、仕事もはかどるもの。

田植えの時期は大人が忙しいから、子どもを預かる臨時の託児所がつくられました。大抵集落に一つあって、私が預けられたのは、家から歩いて10分ぐらいの所にあった下小阿仁尋常高等小学校（後の合川南小、平成24年閉校）でした。

託児所にはいつも隣の家の姉さんが手を引いて一緒に連れていってくれました。母が作っ

6歳の時に預けられた臨時託児所での記念写真＝「合川南小学創立百周年記念誌」より

てくれた白いめだり（前掛け）を着けて。楽しかったよ。おやつにビスケットも出たし。
だけどご飯のことは記憶がない。朝から夕方まで預けられていたはずだけど、あれ、な
にしてえだべな。

■少女時代は伸び伸びと

突っ張り学校に通う

私が通った下小阿仁尋常高等小学校（旧合川南小）は、ほかの学校の子から「突っ張り学校」と呼ばれていました。杉皮ぶきの木造校舎はぼろぼろで、軒下に突っ張り棒がしてあったの。雨が降れば雨漏りするし、風が吹けば危ないから帰された。こんな学校、ほかになかったね。

昭和11（1936）年に入学した時の同級生は20数人しかいなかったから、授業は2年生と一緒の複式学級であった。隣から2年生の勉強が聞こえてくるもんだから、1年生のうちにそれも覚えてしまった。今と違って授業の内容はそんたに難しくなかったものね。国語も算数も理科も、教科書さえ読んでいればまずよかった。

だからこの頃は、学校から帰れば山さばり行ってたな。あがりっぱ（玄関の上がり口）さかばん置いて、腰にコダシ（かご）着けて山菜採りに行ったり、網を持ってジャッコ（魚）取りに行ったり。夏は小阿仁川で水あぶり（水泳）、冬はスキー。山さ行く時は大抵1人です。怖くはなかったよ。あの頃は、山の中でクマと遭うこともなかったからね。

日が暮れるまで遊んでいたけど、父が帰って来た時に勉強していなかったらきまかれた（怒られた）。だから夕方になるときょうだいの1人を番兵に立てるの。父の姿が見えたら、ぱっと教科書をつかんでずっと前から勉強していたふりをする。それ見て親は安心するわけです。

子どもには中等教育を受けさせるというのが父の方針であった。6年生の時、父に「学年で1番になれば何でも買ってやる」と言われた時は頑張った。妹と一番上の弟と3人で、金ボタンの服とか万年筆とか欲しいもの挙げてね。結局私と弟は1番、

校舎前で撮った5年生時の学級写真。軒下に突っ張り棒がある＝昭和15年

妹も2番になった。近所の人には「鍋の家のわしゃど（子どもたち）、頭いいな」と言われました。「鍋の家」というのはうちのことで、先祖に「鍋五郎」という人がいたのが由来だそうです。

「エボシ様」にお参り

下小阿仁村（現北秋田市）の摩当沢の生家の近くには神社があって、境内は子どもがたの格好の遊び場であった。だけど誰かが死んだ家は忌明けまで、子どもが生まれた家は生後1週間、神社に行ってはいけないという決まりがあったの。弟がたが生まれた時は困ったけれど、結局「鳥居さえくぐらなければいい」という抜け道を聞いて、いつも通り遊びに行きました。

昭和の初め頃の農村は、まだおまじないというか、昔からのしきたりが守られていました。特に葬式や出産は「けがれ」があるというので禁忌が多かったね。昭和16（1941）年に祖母ユキが亡くなった時も「なんだべ」と思ったことがあった。お棺が運び出された途端、近くにいた女の人がたが、わらを折って作ったほうきでその場所を掃き始めたの。母に聞いたら「死んだ人を別の世界に送ってやるのだ」と言っていました。

女性の参列者は「アシダカ（足半）」というかかと部分のないぞうりを履いて来ました。鼻緒には白いきれを付けて。葬式の帰りに集落の入り口で脱いで、後は家まではだしで帰るのが決まりでした。

集落には、願いがかなう場所や神聖な場所もありました。米内沢町（現北秋田市）の本城に行く途中の山には、イボを取ってくれるという「エボシ様」があって、農作業が一段落するとお参りに行ったものです。父の実姉のキヨ伯母は信心深くて、イボがないのに1人でよくお参りに行っていたし、家でも神棚作って神様を拝んでいました。

キヨ伯母は独身で、家で農作業やいろいろな仕事を手伝っ

信心を集めた摩当沢のエボシ様。お礼参りなどの際には鎌を奉納する＝「合川の信仰」より

ていました。後妻に来てほしいと縁談もあったそうだけど、断ったそうです。子どもをかてる（あやす）のが上手で、私のすぐ下の弟がいじめられていると聞いて校長先生に頼みに行ってくれたこともあります。7人の子どもを抱えて大変だった母にとっては頼りになる存在でした。

登校前、稲こきに熱中

農作業の手伝いを始めたのは9歳の時です。うちは大人4人の働き手があったから普段は十分だったけど、田植えと稲刈り、田の草取りは子どもがたも手伝いました。最初にやったのは田植え。型付けされた通り真っすぐ植えなければいけないのに、ぐちゃぐちゃとなってしまってね。それを横にいた母が全部直してくれた。そのうち上達して、私の田植えは早いと有名になったよ。秋田市の学校に進んだ時も、父が「うちでは娘がいないと田植えができないので1週間休ませてくれないか」と毛筆で書いた手紙を学校によこしたこともあった。

12歳からは、稲こき（脱穀）もやりました。朝3時に起きて、土間の裸電球の下で。乾燥させた稲の束が置いてあるので、そこから1束ずつ取って足踏みの稲こき機に載せるの。籾《もみ》がどんどんと落ちるのがおもしれくてね。学校行くまですごい量をやったものだ。やれと言われたわけじゃないけど、稲こきをやっておけば、後は悪い籾を唐箕《とうみ》で除いて俵さ詰めるだけだから家の人がたも喜んでくれた。

縄ないも上手だったよ。下小阿仁尋常高等小学校（昭和16年から下小阿仁国民学校）では冬、みご縄ないの競争がありました。みご縄というのは稲わらの芯（みご）だけでなった縄のことです。あの頃は戦争に使うというので、学校から作ってくるよう言われたものね。競争は制限時間内に長さと撚《よ》りの出来栄えを競うもので、撚り方も、均等になるようになわねばならないの。後で先生から私が1等だったと言われました。

今も地域のイベントなどで縄ないの指導を頼まれる＝平成29年5月11日、北秋田市の自宅

農作業はどれも好きだったけど、「させ取り」だけは苦手だった。代かきとか馬を使う作

業で、馬を誘導する役です。父が囲炉裏《いろり》の灰の上に火箸で誘導の仕方を描いて教えてくれたけど、実際やってみると馬が動いてくれない。馬は人を見るというけど、あれだけは努力してもどうもならなかった。

野良着に映える「赤」

明治に入って洋服の文化が入ってきたけれども、農村は昭和の初めまでみんな和服でした。だけど今のような足首までの長い丈の着物「ナガキモノ」は、冠婚葬祭やお呼ばれの時に着るものであって、普段は動きやすい丈の短い着物（上衣）とモンペ（下衣）を組み合わせて着ていました。

野良着でよく着た上衣はミジカです。「短い着物」の意味で、長さはお尻が隠れるぐらいまで。他にも「テッポ」や「シバハジキ」など地方や袖の形状の違いなどによってさまざまな呼称があって、以前文献で調べたら全国で200以上もありました。ミジカ以外の上衣では、ソデナシやハンチャなんかもありますね。

モンペもたくさんの呼称や種類がありますが、北秋田市周辺で女の人がよく農作業に使ったのはスネカラモッペ。すね（スネカラ）の部分はぴたっとしているけど、膝上から腰にかけてがふっくらとしてて、上衣をたくし込めます。足さばきがいいから田んぼだけじゃなく、労働着として広く使われました。

田んぼに出る時の女の人は、ミジカにモンペに前掛け姿。手には手甲、頭には手拭い。ミジカやモンペは紺絣《がすり》や黒っぽい縞《しま》など地味な色ばかりであったけど、モンペや手甲に付けたひもやソデナシの袖ぐりの下部には赤を使っていました。そのちょこっとある赤がとても映えてね。若い人は鮮やかな赤、年いった人はくすんだピンクやえんじ色を選んだものです。

雨が降ると野良着の上に、イグサで編んだキダラ（着莫蓙《きござ》）という雨よけや笠を身に着けます。これは春先になると五城目から行商人が売りに来るので、買ったら鮮やかな布でひもっこ付けたりしてお

ミジカにスネカラモッペ姿の女性たち＝昭和18年、北秋田市

くの。母は小柄な人だったけど、キダラの丈を調整して、すねの部分が見えるようにしてあった。そこからモンペの赤いひもが見えて、母のおしゃれ心を垣間見たような気がしました。

外出時はお高祖頭巾

私が子どもの頃、下小阿仁村（現北秋田市）やその周辺で女の人が普段から着ていたのは、ミジカ（短い丈の着物）とモンペでした。モンペはいくつか種類があって、例えば誰かを訪ねる時に労働用のスネカラモッペをはくのは失礼とされた。その時はズボンに近い形の「カルサン」をはいたものです。

ナガキモノ（長い丈の着物）もよそ行きでしたが、うちのババコ（祖母）だけは普段から着ていました。理由は分からない。うちの人がたは「跡取り娘だから少しわがままだったんでねか」としゃべってた。一緒に住んでいた伯母2人も母も普段はミジカとモンペでした。

うちの4人の女たちの中で一番美人だったのは、明治23（1890）年生まれのサタ伯母です。昔ながらの既婚女性のたしなみとして、お歯黒をしていました。真っ黒でつやつやな歯ですごく格好良かった。剝げてくるとみっともないので、囲炉裏《いろり》にお歯黒用の容器を置いて、みんなが寝静まってから鳥の羽根で塗り直していました。

もう一人の伯母のキヨは結婚してなかったからお歯黒はしなかった。サタ伯母より20歳若い母もお歯黒はせず、かといってほかのお化粧もしなかったね。

母の唯一のおしゃれはお高祖頭巾《こそずきん》。母は嫁入りの時に紫と青とピンクの3枚を持って来て、実家に帰るとか、市日に行くという時にかぶっていた。素材は絹縮緬《ちりめん》。頭巾の下にあるくしの形が透けて見え、子ども心にもきれいだなと思ったものです。

ずっと後になって、お高祖頭巾について調べ、所属する女性民俗学研究会の研究誌「女性と経験」で発表しました。頭巾というと普通は立体型だけど、これは長方形の布で頭や顔を包むように巻くのが特徴です。結び方もおしゃれのポイントであったようですね。農村では木綿が多く、母が持っていた絹縮緬は珍しかった。その頭巾も、後に私の制服のスカートや防空頭巾に仕立て直されました。

お高祖頭巾を着けたイメージ

秋田師範学校に進学

問題集借り受験勉強

秋田師範学校（現秋田大学）を受験しないかと、担任の伊藤完二郎先生に言われたのは昭和18（１９４３）年、下小阿仁国民学校（旧合川南小）高等科2年の秋のことです。下小阿仁村（現北秋田市）にも師範学校を出た女の先生が欲しいからと。父には以前から話をしていたらしく、父の命でいや応なく受験することになりました。

初等教育より受けていなかった父は、もっと上の学校に行きたかったけど、家を継ぐため断念したそうです。代わりに子どもたちは全員、中等教育を受けさせるというのが父の方針でした。私にも「女はなんたごどあるか分からねから仕事を持て。産婆でも看護婦でもいいから、そのための送金は続ける」と言っていました。

今のように機械化されるまで、農村では女の人は貴重な労働力でした。嫁に行けば、その家で家業（農業）に従事するのがまずほとんどの女の生き方であった。あの時代、農家であるにもかかわらず、別の道があると考えてくれた父は先見の明があったと思います。

小学校を通して私の成績はずっと上位だった。だけど翌年2月の受験まであと半年しかない。受験勉強ったって、教科書より持っていなかったから、親戚のお姉さんから問題集を借りて勉強しました。夕方借りて、夜のうちに写して朝返す。体育の実技もあったから、走り込みや跳び箱の練習もしました。

受験当日は、父と一緒に汽車で秋田市に行きました。試験は筆記ではなく、口頭試問ね。会場に何人もの試験官がいて、一人ずつ算数や歴史の問題を出された。緊張して問題が聞き取れず、適当に答えた教科もあったけど合格の通知が届きました。

この年の女子部の合格者は40人。学校では羽織に

高等科2年時のクラスメートと（上から2列目、左から2人目）＝昭和18年11月

モンペ姿で校長先生と一緒に台に上がってあいさつさせられたね。新聞にも名前が載って随分大騒ぎになったものでした。

上級生が制服お直し

昭和19（1944）年に入学した秋田師範学校（現秋田大学）の女子部は、秋田市の東根小屋町（現中通）にありました。敷地内には寮があって最初はみんな入っていた。後で自宅から通う人もいたけど、下小阿仁村（現北秋田市）出身の私は家が遠かったので、卒業までの5年間ずっと寮暮らしでした。

寮では、予科から本科まで10人前後の生徒が同じ部屋で寝起きしました。最上級生の室長さんをはじめ、上級生が下級生の面倒を見るのです。

初めて寮に入った日の夜、室長さんと副室長さんが私の所に来て「成田（旧姓）さん、制服を作りましょう」と言ったの。言われるままセーラー服を脱いで渡したら、室長さんが襟の部分にはさみを入れました。私のセーラー服は襟が広がっているものだったから、丸襟変形となっている規定に合わせて小さくしてくれたのです。この頃は裁縫という科目もあったからね。

制服ができたと思ったら、今度は髪も切られてしまった。随分長くしてあったけれども、これも規定で駄目だと言うことなんですね。初めての場所で何が何だか分からなくて、言われる通りにしていました。

規定では、秋田師範の制服は丸襟変形のセーラー服にスカートでした。だけど戦時中であったから、そんな格好している人は誰もいなかった。みんな上はセーラー服でも下はズボン。それに物不足で布が手に入らなかったから、古い着物をほどいて作ったものです。

私は国民学校時代のセーラー服があったけど、もう1着あった方がいいというので、母が父の羽織から仕立ててくれました。これは祖母が繭から取った絹糸を紡いで機織りして作ったもの。今思

父の羽織を仕立て直した制服を着て＝昭和19年

えば女の手仕事として貴重品だった。ズボンは父の縞《しま》木綿の着物から作りました。上と下で素材も柄もちぐはぐだったけど、なんも恥ずかしいとは思わなかった。ほかの生徒もちぐはぐであったもの。

■学徒動員で群馬へ

三つ編み切り形見に

秋田師範学校（現秋田大学）に入学してから4カ月後の昭和19（1944）年8月、学徒勤労令が発令されました。

その少し前から男子部は北海道などに動員されていたけど、女子部は県内止まりで授業もやっていました。その間もどこからか「花もつぼみの若桜…」という学徒動員の歌が聞こえてくると、「ああ、私たちも戦争で役に立たなくてはならない」と思うの。すごいもんだね、教育というのは。

群馬県の軍需工場へ女子部の学徒動員が決まったと聞いたのは、この年の暮れです。出発は1月8日。その前に生徒たちはみな家に帰されました。年末の寒い時期だった。

家では座敷を与えられ、一人で寝ました。きょうだいが多かったから一人で寝るなんて初めてだった。明日は学校に戻るという最後の晩、「もうこの家に帰ることはないだろう」と思ったら涙が止まらなくてね。布団の中で泣きました。それで自分の三つ編みの髪を切って、紙に包んで神棚に上げていった。まだ15歳だったけど、せめて形見にという気持ちだったと思う。

次の日、約6キロ離れた羽後上大野駅（現合川駅）まで両親が送ってくれました。歩きながら、親にすがりつきたいような、なんともいわれない気持ちになった。親も落ち着かなかったようで、私が髪の毛切ったことも気付かなかった。後で妹が神棚にある髪を見つけた時、母は「サヨ、死ぬ気で行った」と言って泣いたそうです。

昭和20年1月8日、秋田駅から列車で群馬県に出発しました。途中何回か乗り換えして、着いたのは翌日の夕方。宿舎に入って、ご飯を食べ、消灯――と

きょうだいたちと（左から3人目）＝昭和19年ごろ

いう時に空襲警報が発令された。誰かに誘導されながら、暗い中を防空壕《ごう》へと走りました。「おっかね」という悲鳴が上がったり「おうちに帰りたい」と泣いたりする人もいた。だけどこれは序の口で、空襲はその後どんどんひどくなりました。

敵機来襲「もう死ぬ」

秋田師範学校（現秋田大学）の女子部の学徒動員先は、群馬県大川村（現大泉町）にある中島飛行機の小泉工場でした。一つの町ぐらいある広い敷地に、何棟もの工場や事務所が立っていた。

私がたが担当したのはゼロ戦の尾翼部分の組み立てです。当時は「れいせん」と呼んでたね。組み立てと言っても、ジュラルミン板に電気ドリルで穴を開けて、エアハンマーで鋲《びょう》を打つ。それの繰り返し。作業は朝から夕方までだったね。でもだんだん部品が来なくなって仕事ができなくなりました。そうすると機体の上に腰掛けて、みんなで歌っこ歌ったり、故郷の話っこしたりするの。各地から学生がたが集められてあったから仲良くなったね。

到着初日に洗礼を受けた空襲警報は、その後もやむことはなかった。群馬県には中島飛行機の工場があちこちにあって何度も激しい空襲がありました。小泉工場も爆撃を受けてゼロ戦棟がなくなってしまった。最初の頃は工場の近くの会社の寮にいたから空襲警報は頻繁であった。寝てても、風呂に入っててもね。そのたびに防空壕《ごう》を目指して必死に走りました。

逃げる時に見た光景は今も忘れられない。空が真っ黒になるぐらいB29が飛んできたり、かと思えば照明弾で夜なのに真昼以上の明るさになったり。5、6人で林の中にある防空壕に逃げ込んだ時、誰かが「どうせ死ぬなら見ましょう！」と言いだしたの。子どもだったから好奇心もあったのかもしれない。

入り口を開けて見ると、空のずっと上をB29が飛んで、小さい飛行機

学徒動員先の群馬県で上級生と（中央）＝昭和20年

が旋回しながら地面に向かって機関銃を撃っていた。ダーっという機銃掃射の合間に、上からドンドンと爆弾が落ちてくる。「やっぱり駄目だ」となって引っ込み、後は体を丸めて小さくなっていた。おっかなくて、親のこともきょうだいのことも考える暇ない。どうなるべかとそれだけ考えていました。

コウリャンご飯に閉口

群馬県での学徒動員では空襲も恐ろしかったけど、ひどい食料事情にも苦しめられました。最初こそ、親元から食料が送られてきたけど、郵便事情の悪化でこなくなったものね。

食堂で出されるのは、切った大根やジャガイモが混ざったコウリャンご飯。コウリャンは硬くて食べられたもんじゃない。みんなおなか壊して大変だったよ。爆弾より先に下痢で死ぬんでないかと思って、親元に送る写真を撮りにみんなで写真館に行ったこともありました。

学徒動員は昭和20（1945）年8月の終戦まで8カ月間でした。私がた秋田師範学校（現秋田大学）の女子部の生徒で犠牲者は出なかったけど、いつ死んでもおかしくなかったと思う。生きて戻れたのは、友達や上級生がいたからでないかな。私がた予科1年生から見れば、四つも五つも上の本科の上級生は近寄りがたかったけど、責任感がとても強かった。空襲で逃げる途中、下級生が「もう走れない」と弱音を吐けば、「走らなきゃ駄目よ」と言って決して置いていかなかったものね。

玉音放送は群馬で聞きました。日本が負けるだろうというのはその前から何となく分かっていたけど、占領されればどうなるということは想像できなかった。まだ15歳であったもの。先生や上級生は分かっていたでしょうけど、取り乱す人はいなかった。

女子部が秋田に戻ったのは終戦から数日後。私は下小阿仁村（現北秋田市）の家には帰らず、近所の郵便局に電話をかけて知り合いの交換手に「元気でいると伝えて」と頼みました。

私の家では戦争で亡くなった人はいなかった。父は召集されなかっ

おなかを壊した後、写真館で撮った記念写真＝昭和20年

たし、弟がたはまだ小さかったしね。ただ「アオ」と呼んでいた馬が徴用されました。なんぼかお金もらって新しい馬を買ったけれども、小さくて力っこもなくて田んぼで役立たなかったの。それからしばらくしてだもね、馬に代わって機械で農業するようになったのは。

古里への赴任を希望

戦後、秋田師範学校（現秋田大学）に戻って最初にやったのは墨塗り。教科書や辞書から「戦争」とか「米兵」といった文字を消すの。他にも大詔奉戴日《たいしょうほうたいび》に護国神社にお参りしたり、道場で明治天皇の御製を唱詠したりすることもなくなった。秋田にも進駐軍が来て、軍政部の教育担当だったモロニーという人が学校にしょっちゅう視察に来たけど、先生がたは随分緊張していたもんだっけね。

学校には同じ敷地内にある寮から通いました。朝6時起床。部屋やトイレの掃除をして7時に食堂で朝食。その後、授業が始まるまでピアノやオルガンを練習することもあった。授業が終わるのは午後3時ごろで、それからクラブがある日はクラブ活動。6時に夕食を食べた後、消灯の9時までは図書館に行ったり、部屋で予習復習したり。居眠りしている人には上級生が「まだ寝る時間ではありませんよ」と声掛けたりしてね。

上級生には絶対服従であった。寮の食事は部屋ごとに取るけれど、最上級生の室長が

「いただきます」と言わないと箸も持たれないし、銭湯に行けば上級生の背中を流す。街中で会った時にお辞儀しなかったというので注意された友達もいました。その代わり、上級生は下級生の面倒を見たものです。勉強は当たり前だけど、礼儀作法とか話し方とかね。おかげで「おら」から「私」に変わった。

卒業間際、希望する赴任先について学校から聴取を受けました。最初は秋田市の学校がいいなと思ったの。なんたって便利だもの。図書館は近いいし、バスもあるし。だけど下小阿仁村（現北秋田市）に師範学校を出た女の先生が欲しいと言って送り出してくれた恩

秋田師範学校の寮で同室だった生徒たちと（前から2列目左端）＝昭和20年

師や学校に行かせてくれた親がたのことを考えるとそれは駄目だなと。結局「地元に戻りたい」と伝えました。昭和24（1949）年3月、県教育委員会から下小阿仁中学校への任命書を頂き、5年ぶりに古里に戻りました。

古里で教員生活

「嫁見」の習慣に反発

昭和24（1949）年、下小阿仁村（現北秋田市）の下小阿仁中学校への赴任が決まり、5年ぶりに実家に戻ったら縁談が待っていました。ほとんどは学校の先生。どこかの本家の跡継ぎの息子というのもあった。

当時は「嫁見」という習慣がありました。男の人が結婚する人を選ぶのに、あらかじめ女の人を見に行くの。男の人やその親が、おなごぶり見て気に入れば、今度は誰かを介して本当の縁談になる。昔は、農閑期になると女の人はみな本家でお裁縫を習ったものですが、それを男の人がたが見に来て、本家の奥さんが「あの子はなんぼ（何歳）だ、あの子は手先が器用だ」と説明したそうです。思えば田植えも嫁見の一つであったね。仕事ぶりも見られるから。

私のところには「通勤途中でいいから見せてほしい」という人が来た。当人じゃなく両親だけ。見るだけだから、親も駄目とは言えないでしょ。だけど私は嫌でね。いつもの道じゃなく山道を回って学校さ行ったの。そしたら今度は菓子箱を持って勤務先の学校に来たのよ。校長にも言われて仕方なく宿直室にお茶を運んで話っこしました。

休みの日に別の男の人の親が家に来たこともある。田植えから帰ったばかりで、ミジカとモンペを着替えた後、そのまま窓から逃げてしまった。これには父が怒ってね。「断るにしてもやり方があるべ。親までおかしいと思われる」と。

あの頃の私は20、21歳ぐらい。昔はもっと早く、10代で結婚した人もたくさんいてあったものね。だけど私は先生になったばかりだし、勉強してきたことを生かしたいと思っていた。秋田師範学校の同級

下小阿仁中学校で（前から2列目右端）＝昭和24年

生たちも頑張ってあったしね。結局、一つ下の妹の方が嫁見で私より早く結婚しました。

私が結婚したのは古里に戻って3年後の27年。相手の福岡龍太郎は同い年で、下小阿仁中の併設校・下小阿仁小学校（旧合川南小）に勤務していました。

ダムに沈んだ小学校

結婚した翌年の昭和28（1953）年、長男龍彦が生まれました。この時勤めていたのは前田村（旧森吉町、現北秋田市）の前田中学校森吉分校です。併設の森吉小学校には主人の龍太郎も勤務していたので、3人で学校の近くの家に間借りしていました。だけど教員生活の半分以上は主人と別居であったね。

間もなく主人は湯ノ岱小に赴任します。今の太平湖の近く。当時は炭鉱があったから、そこで働く人がたの子どもが大勢いたの。私は中学校から森吉小に移っただけなので、そのまま長男と2人で残った。間借りしていた家のおばあさんがとても良い人で、仕事中は子どもの面倒を見てくれました。

湯ノ岱ほどではないけど、森吉小も自然豊かな場所にあった。子どもがたも純情素朴。6年生を担任していた時、授業が始まる直前、男子児童が「先生、さっと（少し）待ってけれ」と言っていなくなってしまったの。後で聞いたら、産卵のために戻って来たサケが、ちゃんと小又川を遡上《そじょう》できたか確かめたかったそうです。

この頃は家庭訪問もよくやった。家さ行けば親といろんな話ができて、子どものこともよく分かる。田植えや稲刈りを手伝ったこともあるね。親の方でも先生を信頼してくれた。良い人ばかりで、森吉にいた8年間は本当に世話になりました。だけどあの頃暮らした場所はもうないの。森吉山ダムになってしまったから。

〈森吉山ダムは昭和47（1972）年の米代川氾濫を機に計画され、平成24（2012）年完成。建設に伴い、旧森吉町の14集落200戸が移転した〉

森吉小は平成4年に閉校し、当時の子どもがたの

森吉小の教え子たちと（最前列右から5人目）＝昭和30年

家もみな移転となりました。故郷が消えるというのは寂しいものだね。だけどその分、同級生同士の結び付きは強い。教え子の一人は同級会のたびに森吉山で撮った風景や花の写真を載せた同級会便りを作って送ってくれます。

つらかった嫁の立場

昭和35（1960）年に森吉町から合川町（いずれも現北秋田市）の小学校に赴任して、しばらくたってからでなかったかな。役場に行ったら、顔見知りの女性職員に一冊の冊子を渡されたの。表紙に「おかあさんの文集」と書いてあって、これが「母の実」の創刊号でした。

〈「母の実」は、戦後各地で誕生した生活記録集の一つで、旧合川町の農村女性たちでつくる「母の実会」が昭和36年に創刊。現在まで半世紀以上にわたり発行している〉

「クワ持つ手にペンを」というのがスローガンで、会員のほとんどは農家の嫁さんや奥さん。私と同世代やもっと若い人もいました。中でも20代の若い方が書いた「書けない私」という文章は衝撃だったね。日常の忙しさに紛れ、書くこと、考えることを放棄していた自分を戒める内容だった。自分の考えをこういうふうに書けるなんて素晴らしいなと思いました。

戦争が終わって女性参政権も実現したけれど、農村の嫁の立場は下積みのままだった。働くばかりで、物も言えない。「母の実」に思い切って意見を書くことで、自分たちの生活を見直そうと思ったんでないかな。黙ってたって駄目だと。この頃になれば出稼ぎが増えて、女の人の力が余計必要とされるようになってきたしね。

だけど書くのは大変だったと思う。農業に家事に子育て、全部女の仕事だったもの。会員は家族が寝静まった後とか、野良仕事の合間とかのわずかな時間に、チラシの裏なんかの紙っこに書き付けたそうです。

私も退職してから「母の実」の編集に携わること

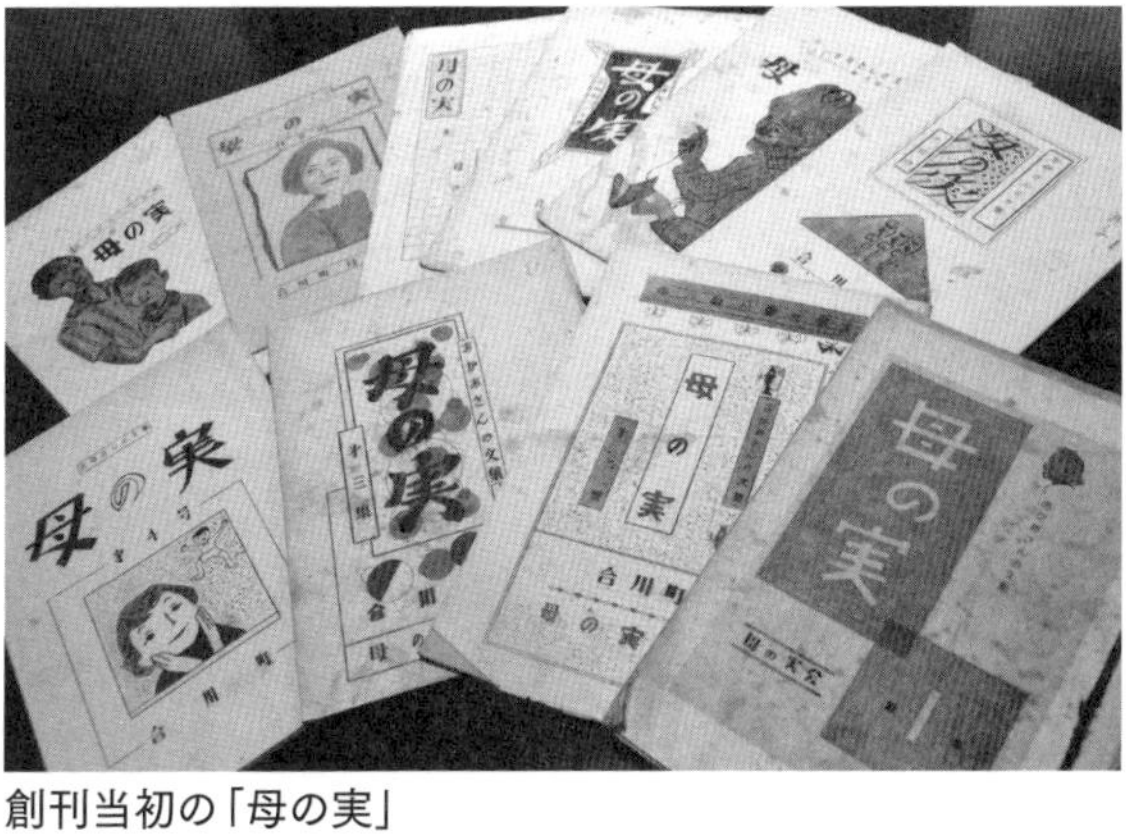

創刊当初の「母の実」

になりますが、この頃は会員でなかったの。でも教え子たちの家庭環境を知りたいと思ってずっと購読してました。高度経済成長の時代であったけど、地方の農村には苦しい家庭も多かった。ＰＴＡなんかで面談すると、「嫁だばなんも金ねえし」と泣きながら話すお母さんもいてね。「母の実」は仮名で書いてもよかったけど、誰の文章かは分かっていた。

地域変えた土濃塚さん

初めの頃の「母の実」（昭和36年創刊）は、嫁姑《しゅうとめ》問題がテーマの一つであったね。主に嫁側の意見が載っていたけれど、こんな歌が載った時には驚いた。

〔身につかぬ鍬《くわ》は手のひらより落ちてすわっと罵倒の声ひびきたり〕

農家以外から嫁いだ女性が詠んだそうですが、かなり騒ぎになりました。東京からもこれを見たという女性の新聞記者が合川町（現北秋田市）に来て、「こんな生々しい内容を載せてよいのか」と会長に迫ったそうです。当時の会長は土濃塚イマさん。後で「母の実」にその顚末《てんまつ》が書いてあったけど、土濃塚さんは「本音を吐くことによってお互いに自制心も育っていく」と答えたそうです。

〈土濃塚イマは明治45（1912）年生まれ。女性運動に取り組み、合川町婦人会長、県地域婦人団体連絡協議会長など歴任。合川町名誉町民第1号。平成2（90）年、78歳で死去〉

土濃塚さんは母と同じ米内沢町（現北秋田市）の本城から下小阿仁村（同）に嫁いできた人で、戦前から村の女性リーダーであった。いつも長い着物着て、言葉遣いも品が良くて。本城出身の嫁さんがたとは「本城会」というのをつくって、よく会合を開いていました。母もいつもよりなんぼか良い着物着て、楽しそうであったよ。

本城会では古里の話っこしていたそうです。後になって土濃塚さんが文章を書くように勧めたそうだけど、母は「おら読むのはするが、書げねぇ」としゃべったっけ。昔の人は文字は書けても、文章書くことはあまりさねかったから。

土濃塚さんは女の人が話すこと、書くことで良い方向へ変えていこうと思っていたのでしょう。「母

昭和36年、「母の実」合評会での土濃塚さん（中央）＝遺稿集「愛の灯に生涯をかけて」より

の実」への反発が起きたこともあったけど、子どもの教育に関する会員の提言が町に採用されることもあった。あの方がいたから今の合川地域があるのだと思います。

天井落下「もう駄目」

80年以上生きてきて、「死ぬかもしれない」と思ったことが2度あった。1度目は戦争中。2度目は昭和43（1968）年5月16日の十勝沖地震です。

この日、私は東北小中学校理科研究大会が開かれていた青森県野辺地町の野辺地中学校にいました。当時勤務していた合川南小学校が理科研究の指定校になっていた関係で、合川町（現北秋田市）からほかの3人の先生と一緒に派遣されていたのです。

地震が起きたのは午前10時前。2階の教室で授業参観中であったけど、避難指示に従ってまず子どもがたを行かせ、次に先生が続きました。その最後にいた私が階段の踊り場に差し掛かった時、天井と壁が剥がれて下敷きになってしまったの。

「もう駄目だ」と思ったね。どうやって校舎の外に出たか覚えていない。子どもがたが「血が出ている」と言うので額にけがしているのが分かりました。新調の藤色のスーツに血が飛び散り、靴もどこかに行っていた。病院に運ばれたけど、ガラスが散乱して応急手当てしかできなくて。結局、鷹巣中の先生が車で来ていたというので乗せてもらって合川町に戻りました。

マグニチュード7・9の十勝沖地震で、北海道や青森が大きな被害を受けました。死者も出た。秋田でも大きく揺れたそうです。あの頃は携帯電話もなかったから、主人は長男と長女に「母さんは駄目かもしれない」と言ったそうです。長女の玲子はまだ小学校1年生でした。

幸い命には別条はなかったけれど、額の傷は残りました。前髪を垂らして見えないようにしていたけど、水泳の授業の時は見えるので少し気になった。だけどもう顔のしわに紛れて見え

秋田魁新報
夕刊
北海道、東北中心に激しい地震
苫小牧は震度6（烈震）
青森で死者11、不明3
全市民に避難命令
釜石と宮古両市
具体的に提案
五点で合意可能と米
協和ブロック工業

十勝沖地震を報じた昭和43年5月16日付の秋田魁新報夕刊

なくなってしまったね。

この15年後、また大きい地震に遭遇しました。日本海中部地震です。同じ5月で、偶然にも同じ合川南小に勤務していた。けがはしなかったけど、十勝沖地震を超える事態に直面しました。

津軽海峡で受難の報

昭和58（1983）年5月26日、私は担任する合川南小学校の6年生と一緒に北海道に向かっていました。合川町（現北秋田市）の4校の合同修学旅行でした。日本海中部地震が起きた時、私がたは津軽海峡を渡る青函連絡船の中にいました。

お昼を食べようとした時だったと思います。子どもの一人が「家さ電話したら、母さんが『こっち地震だ』って言ってた」と伝えに来ました。教頭先生が船内のテレビを確認しに行ったら、北秋田郡の小学生が男鹿で津波に巻き込まれたと言っていた。この日、合川南小の4、5年生が男鹿に遠足に行っていたのです。校名は言ってなかったけど、人数を見れば合川南小としか思えなかった。

修学旅行に来た6年生には、下のきょうだいが男鹿に遠足に行っている子もいた。そうでなくても小さな学校だからみんな顔も名前も分かっている。だから泣いて泣いて…。船の方でも気付いて、私がたがいる場所にカーテンを引いてくれました。

４校の協議で旅行は続けることになりました。だけど笑顔の子は誰もいない。青森まではあんなに楽しそうだったのに…。状況がつかめないので教頭が学校に帰り、私がたは徹夜で学校と連絡を取ろうとしたけど駄目だった。ニュースをずっと見ているわけにもいかず、状況はほとんど分からなかったですね。

次の日、日が暮れてから町に着きました。各集落の入り口で子どもがたを降ろす時、初めてどの子が亡くなったか分かったの。その子がたの家の前には車がいっぱい止まっていて、家中の明かりがついていた。

遠足に行った45人のうち、13人が亡くなった。この年の11月、校舎裏の高台に子どもがたを慰霊する「殉難の碑」が建てられました。あれか

旧校舎近くにある「地震津波殉難の碑」。亡くなった児童の名前が刻まれている＝平成29年5月26日

ら34年。学校は5年前に閉校となったけど、忘れるものではないものね。今年もお参りに行きました。

夫と一緒に早期退職

教員を辞めることにしたのは、昭和60（1985）年の2月ごろであったべか。当時勤めていた合川町（現北秋田市）の小学校に迎えに来た主人が、いきなり「おれ辞める」と言ったの。驚いたけど「したら辞めるか」と答えた。それで2人そろって3月末で早期退職したのよ。55歳、35年間の教員生活でした。

2人とも以前から教員辞めたらやりたいことがあったの。私は民俗、主人は歴史。定年退職してからでもよかったけど、この頃になれば、大学で新しい教育を受けた若い人が来て、教育機材もどんどん変わっていった。2人の子どもも独立したし、今なら辞めてもいいいと。それに私だけ学校に残って、主人にご飯作らせるわけにもいかないでしょ。職場の送別会では「学生時代のようにまた勉強を始めます。そして世界へ旅に出ます」とあいさつしました。

退職後は何もしないでいるのは駄目だから、まず研究の計画書を作ったの。テーマは「消えゆく民俗を惜しむ／村の女たちの美意識を探る」としました。研究の主的内容は野良着で、副次的内容としては農村の行事や風俗、家で使われていた道具。研究のためにどんな資料を集めるか、どんな調査をすべきか、研究を高めるためにどこの研究団体に入るだとか、みんな計画書にまとめたのです。

後はこれに沿って動くだけ。学校行く代わりに資料館を見に行ったり、調べものしたりと出歩いて生活はほとんど変わらなかった。一つだけ、年金もらう年齢になる前に2人いっぺんに仕事がなくなるというのは考えてなかったね。退職金でつなぐことにしたけど、節約して山菜採りにも行ったりしてい

佐渡島に渡る船の中で主人（左）と＝昭和61年

たから困ることはなかった。

孫の面倒を見るため、東京に滞在していた時は、図書館に行ったり、神田神保町の古書店を回ったり。いい本に出合えると、そこでまた研究心に火が付くの。気が付けば世界を旅する時間はなくなってしまった。

■ 野良着の研究に着手

止まらない思い出話

私が住む合川町（現北秋田市）周辺で和服の野良着姿が見られたのは、昭和30年代が最後でないかな。昔は手作業であった農業も、40年代以降は機械化が進みました。和服の野良着がいくら動きやすく作られているとはいえ、機械化になれば逆に袖なんかが邪魔になる。しばらくは改良しながら着ていたようですが、既製品が増えてくれば自分で作るということもなくなります。

着なくなった野良着は捨てられたり、たんすの奥にしまわれたりして見なくなってしまった。昭和60（1985）年に早期退職して野良着の民俗調査を始めたのは、急がねば本当に消えてしまうと思ったからです。

まず、地域で野良着を持っている人を訪ねました。どこの誰がどんなものを持っているというのは、教員時代から聞いていたの。PTA活動とかでね。当時は保護者が学校に来るのではなく、学校側が地域に行って指導方針なんかを説明したものです。個人面談もあって、子どものこととか話しているうちに、昔の話や野良着の話になることもたびたびあったのです。

私が教員を辞めたと聞いて訪ねてくるおばあさんも多かった。話しているうちに「おれのえらねぐなったモンペあるして、あんたさける」と。昔の人は物を大事にするから、使わなくなってもずっと大事に取ってあった。でも最初からくれるという人はなかなかいなかったね。着古した汚い物を人にあげるのは失礼だというのと、やっぱり思い出があったからでないかな。だから私の方からも「下さい」とは言わなかった。

その代わり、話はたくさん聞きました。素材とか作り方とか、誰から習ったとか。でも私が聞く以上に、おばあさんがたの思い出話が止まらないの。あるお

収集した野良着を採寸する＝昭和63年、合川町の自宅

ばあさんの息子さんが来て、「うちの母さん、先生と話すと生き生きしてるな」と言うこともありました。話しているうちに野良着を着た若い頃に戻っていたのかもしれないね。

先駆者の背中追って

私の野良着の研究は全くの自己流で、専門的な勉強をしたものではありません。だから最初は「きれいだな」という単純な見方しかできなかった。さまざまな角度から調べる大切さに気付いたのは、県立農業短大（現県立大）教授だった日浅治枝子《ひあさちえこ》さんの野良着の研究を知ったのがきっかけでした。

〈日浅治枝子は愛媛県出身。農林省（現農林水産省）農業技術研究所から県立農業短大に赴任し、県内外の野良着を調査研究。県民俗学会副会長。平成10（1998）年、78歳で死去〉

秋田民俗学研究会の「秋田民俗」に日浅さんが連載していた文章を読んで、野良着も立派に研究対象になるのだと知ってうれしかったね。いろいろ教えていただきたくて、何度かお手紙も差し上げました。お目にかかったことも1度あります。

全国の野良着（仕事着）を調べた日浅さんは、特に女の人の野良着について機能性、経済性、装飾性があると指摘されていた。働くための衣服としての構造とか、限られた布をどう経済的に使うかとか。これがないと女の本当の仕事は見えてこないものね。合川町（現北秋田市）周辺の野良着を調べるのにとても参考になりました。

秋田ではほかに、瀬川清子《きよこ》さんという民俗学の大家がいて、野良着についても素晴らしい研究を残されています。

〈瀬川清子は鹿角市生まれ。上京後に民俗学を志し、民俗学者・柳田国男に師事。全国各地で精力的なフィールドワークを行い、主に衣食住や女性に関わる民俗を研究。大妻女子大教授。昭和59（1984）年、88歳で死去〉

私が所属する女性民俗学研究会は、瀬川

日浅さんが大仙市内小友で採取した野良着の上衣「ボドッコ」＝県立博物館蔵

さんが中心となって立ち上げた会です。私が民俗調査を始める前に亡くなっていたけれど、入会して随分刺激を受けました。「衣服を通した女たちの祈り」という新しいテーマも見つかったし。民俗調査というのは、本当に尽きないものです。

省力化の工夫が満載

昭和60（1985）年に退職してから、同じ合川町（現北秋田市）に住むおばあさんを中心に野良着についての聞き取りを始めました。話を聞くだけでなく裁ち方や仕立て方も教えてもらった。それで初めて昔の女の人の工夫が分かったのです。

野良着を作ることはそんなに難しくない。洋服は立体的に仕上げるから裁ち方も難しいけど、和服は直線裁ち。上衣のミジカの場合、反物から裁つのは身頃と袖、襟だけで、ナガキモノ（長い丈の着物）にある衽《おくみ》はよほど体格の良い人でない限り付けない。仕立てる時もやっぱり直線縫いで、ほとんどがぐし縫い（並縫い）です。

なぜ簡単かというと、昔の女の人は忙しかったでしょ。農作業に食事の支度、子どもの世話…。裁縫なんて一日のわずかな時間しかできなかったから、できるだけ省力化したわけです。

もう一つ、野良着は再利用を前提にしていたこともある。昔は布が貴重品で、破れたから捨てるということは絶対にしなかった。破れた部分を取り換えるにしても、別の物に仕立て直すにしても、縫っている部分が少なければほどきやすいでしょ。

それにしても、おばあさんがたの仕立て方は本当に合理的だった。例えばミジカに裏地を付ける袷《あわせ》仕立ての場合、普通の着物なら表地と裏地を別々に縫ってから合わせるんだけども、おばあさんがたは四つ縫いといって、最初から表地と裏地を一緒に縫い合わせるやり方をしていた。背縫いや袖付け部分でね。こうすればほどく時も1回で終わるでしょ。

布を裁つ時も採寸したり、布に印っこ付けたりはしなかった。ミジカ1着に必要な布は約5メートル。まず一番大事な袖の長さを決めてから、残りの布をほぼ等分に折り畳むだけ。それが左右の身頃や襟にな

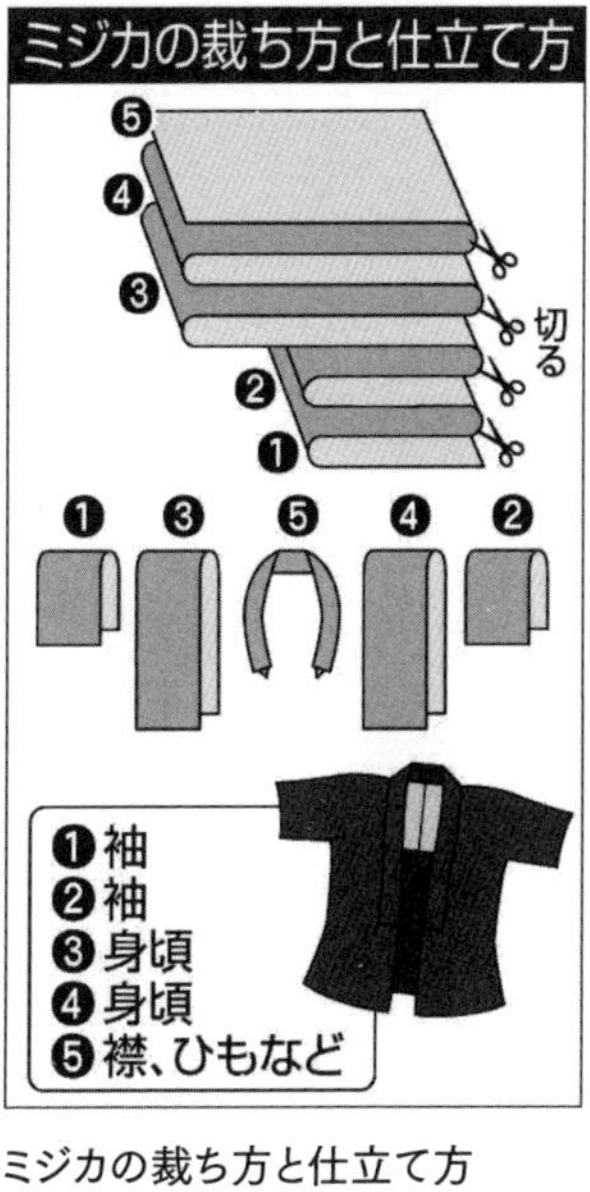

ミジカの裁ち方と仕立て方

る。私が広げた布に物差しでいちいち何センチ何センチと測って印を付けていると、「何でそんためんどくしゃごと（面倒くさいこと）やっとるしゃ」と言われたものです。

研究者悩ますモンペ

昔の野良着は和服であったけれども、上衣と下衣に分けて着たりして動きやすくするための工夫がいろいろありました。中にはそうした工夫や形状が全国的に珍しいというので、研究者に知られた野良着もあった。昭和15（1940）年に東洋大の調査で確認された上小阿仁村の「スネカラモッペ（モンペ）」もそうです。

すねの部分は筒状に仕立ててぴったりしているけれど、腰にかけてはゆったりとしている。なぜ注目されたかというと、両脇の開き部分に襠《まち》が付けられていたから。こういうモンペはほかに例がないそうです。県内で長年野良着の研究をしてきた日浅治枝子《ひあさちえこ》さん（元県立農業短大教授、故人）も執筆を担当した「日本の労働着」（源流社）の下衣編で「襠が何故につけられているのか。…下半身をゆったりさせるという意味か、一種の装飾性かとも推察されるが、真意は不明」としています。

スネカラモッペは、私が生まれた下小阿仁村や森吉町（いずれも現北秋田市）にもありました。だから野良着を調べ始めてすぐ、地域のおばあさんに聞いて回った。腰回りがゆったりして動きやすいという人もいたけど、脇開き部分から蚊が入って困ったという人もいたね。襠に赤い覆輪を付けるから「見栄《みば》ええべ」という人もいた。

実際に作るとこれが難しい。直線裁ちだけど、襠を付けたり、おなかと腰の部分にひだを取ったりして立体的に仕上げなければならない。簡便さ第一の野良着としては異色な存在です。

なぜ襠があるのか。私も考えましたが、この辺りでは寒い時期、ミジカではなくナガキモノを着るの。だけど長い丈の着物をたくし込むと、前と後ろが膨らんでせっかく作ったひだが乱れてしまう。襠があればバランス良く収まるわけです。農村の女たちは高い

スネカラモッペの脇開きに付けられた襠部分

美意識があったから、珍しいモンペが生まれた理由もこういうところにあるかもしれないですね。

袖と襟は「美」の象徴

野良着は働きやすさを最優先した衣服であったけれども、実用一辺倒ではなかった。日常着という側面もあったからね。だから美しく見せるための工夫もたくさんありました。

野良着の美として私が最初に気付いたのは色。ミジカやモンペは紺や黒っぽい色がほとんどであったけれども、手甲のひもや、スネカラモッペの襠《まち》の補強なんかには赤を使っていた。着物が破れて布を継ぐときも同系色や同柄を選んで見苦しくないようにした。私が調査した合川町（現北秋田市）周辺では刺し子はあまり見なかったけど、ひもを縫い付ける部分に千鳥掛けというきれいな刺しゅうをしていました。

だけど調べていくうちに、ミジカの袖と襟が野良着の美を象徴するのではないかと思うようになりました。まず袖ですが、ミジカに限らず袖は和服の印象を決めるものです。仕事しやすいなら腕にぴったりした細袖（鉄砲袖）なんかが良いのでしょうけど、合川町周辺でよく見られたのが筒袖や巻袖でした。両方とも袖口部分は細くなっているけれども、脇にかけて少しずつ広がっている。労働着なんだけども、女らしい感じがするでしょ。

襟は、布に余裕があれば身頃や袖と同じ布で作ります。だけど足りないときには黒い布がよく使われました。襟元を黒にするとばりっとして全体が引き締まる。これも人に見せるための工夫であったと思います。

下衣はというと、目的によって使い分けていたようです。普段からはいていたのはスネカラモッペ。これは労働着であり、日常着でもあったのでみんな余計持っていた。

合川町周辺で使われたミジカの袖。上から▽大正時代の細身の筒袖▽昭和初期の筒袖▽昭和30年代の洋服型の袖

労働着にはほかに、シタモッペという股上までぴったりしたモンペがあって、腰まで漬かるような田んぼで仕事するときは最適であった。一方、外出時はカルサンというズボンに近いものをはきました。

野良着の本が大反響

退職後に始めた野良着の民俗調査の内容を初めて発表したのは、合川地方史研究会の会誌「史友」です。この研究会は平成2（1990）年12月、私の主人、福岡龍太郎（87）＝同研究会元会長＝が、合川町（現北秋田市）の歴史好きな人たちと一緒に立ち上げました。

神社の大木とか、道端のお地蔵様とか、昔から地域にあることは知ってても、なぜあるのかは案外知らないものでしょ。だから地域に残るさまざまな歴史を残していかねばねと、ずっと前から主人と話してあったの。やっぱり同じ気持ちの人はたくさんいてね。設立の時は87人も集まりました。

だけど私が会に入ったのは次の年。創刊号では古代とか中世とか歴史を書く人が多くて、民俗をやる私が書いてもいいのかと迷った。でも男の人ばかりでなく、女の人も書いた方がいいと思って2号から「村の女たちの美意識　野良着に魅せられて」というタイトルで書き始めました。最初は手甲、それからミジカ、モンペ、ソデナシ…。19年まで28回続けました。

「史友」に載せた内容は、3冊の本にまとめて自費出版しました。9年から毎年1冊ずつ。最初はミジカやモンペ、次は袖と襟、最後は「衣への祈り」というテーマで産着や裁縫についてです。

最初の本を出した時、新聞社が取材してくれたんだけど、記事が出たらものすごい反響で…。あちこちから電話がかかってきて、自宅にもたくさん人が来た。ほとんどは昔、野良着を着たことがあるおばあさん。見ると懐かしがってね。野良着を撮らせてほしいというアマチュアカメラマンも来た。講演を

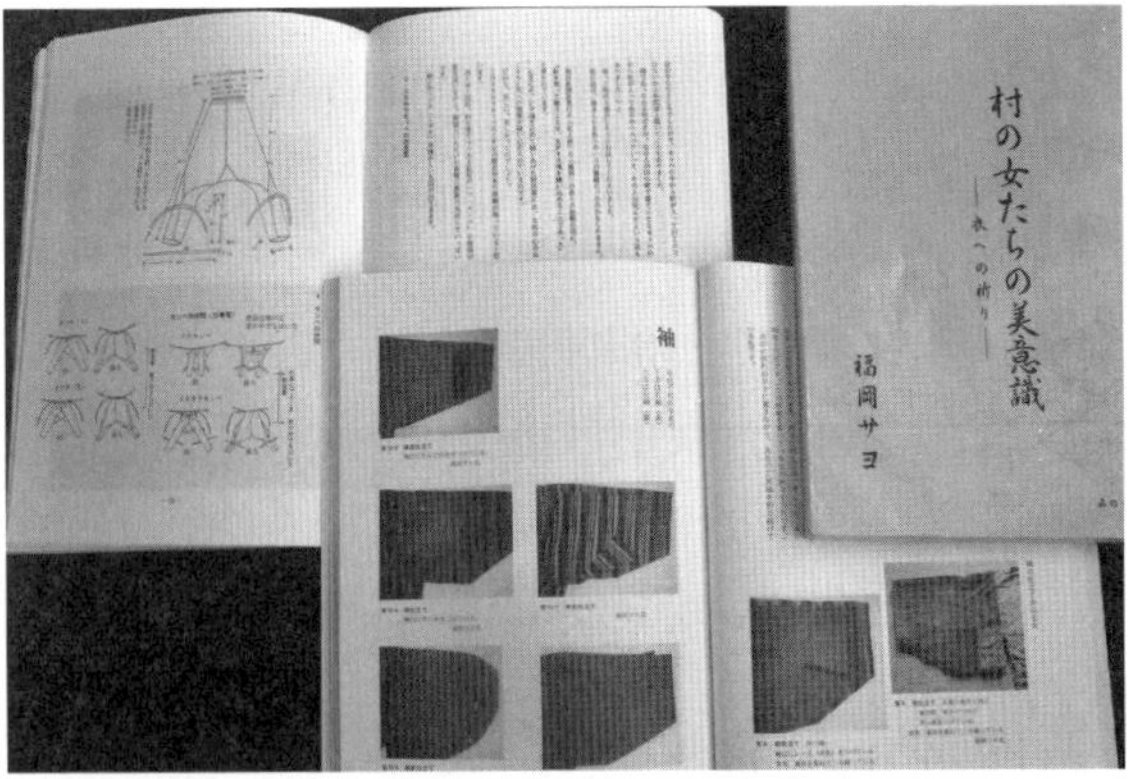

野良着調査の内容をまとめた「村の女たちの美意識」

頼まれることも増えました。

こんなに反響があったのは、消えゆく物に対する愛惜がそれだけ深かったということなんでしょう。だけど私はうれしいというより、怖いような気持ちでね。「いいかげんなことは書けない」と改めて思いました。

学会誌にも積極投稿

私が民俗調査した内容について投稿しているのは、合川地方史研究会の会誌「史友」ともう一つ、女性民俗学研究会の研究誌「女性と経験」です。

〈女性民俗学研究会は昭和22（1947）年、民俗学者・柳田国男に師事する瀬川清子（鹿角市出身）をはじめ女性民俗学者らで設立。「女性と経験」は31年創刊。一時休刊し、51年復刊〉

入会したのは平成9（1997）年。当時の会の代表、大藤《おおとう》ゆきさん（民俗学者、故人）と知り合ったのがきっかけでした。最初は私から大藤先生に、子育ての民俗についてお話を聞きたいと電話したの。そしたら嫁姑《しゅうとめ》の話やらで随分話し込んでしまった。そんなことが何回かあった後で入会通知が送られてきました。

退職して民俗調査を始めた時、「学会に入って勉強する」という目標を立てていたから、ありがたい話だと思いました。だけどほかの会員の方は大学の先生とか、研究者を目指す若い人だとかで、私のように在野でやっているという人はほとんどいない。しばらくはほかの人の研究内容を見るだけにして、入会3年目から「女性と経験」に投稿するようになりました。

　この研究誌の主なテーマは嫁入りや出産、子育てなど、女性としての経験です。だから私も野良着以外のテーマに目を向けるようになりました。子育てにおける通過儀礼とか、祈り・信仰とかね。最近は蚊帳について投稿したら、「良いテーマを見つけましたね」という感想を頂いてうれしかった。

　だけど投稿は毎回冷や汗が出るね。もっと文献や本を読んで勉強さねばねと。その道一筋の方ばかりだから、研究誌が発行されるたびに、自分の文章が

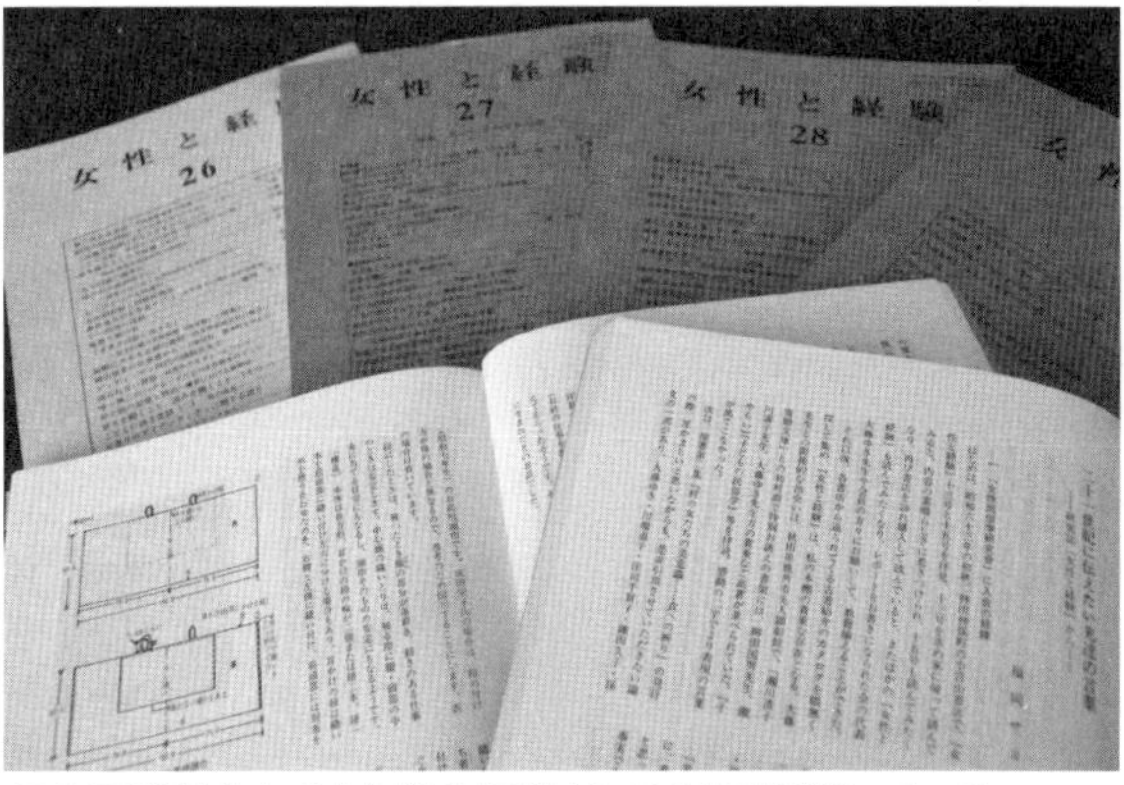

年１回発行される「女性と経験」には毎回投稿している

幼稚であることがよく分かる。でも入って良かったと思います。論文の書き方や調査の仕方について教えてもらったし、何より研究について真剣な話ができるのが楽しい。電話でも時間を忘れてしゃべってしまいます。

台風で資料が水浸し

合川町（現北秋田市）周辺の野良着の民俗調査をするうちに、現物もどんどん集まってきました。おばあさんがたが昔着ていたものを譲ってくれたり、作ってくれたりしたものです。

頂いた野良着は、まず洗って干して、アイロンをかける。それから採寸、写真撮影、記録・分類して保管。盛んにやったのは60代の頃かな。今は副会長をやっている合川文化財保護協会の仕事や、合川の生活記録誌「母の実」の編集作業で忙しくなってしまったけど、あの頃は研究に情熱を傾けていました。

どんな野良着があるかというと、まずモンペ（下衣）。スネカラモッペやシタモッペなど4種類あるけれども、分類としては一つにしています。上衣ではミジカとソデナシ。手甲にかぶりもの、ひも類。ほかにお腰（腰巻き）や、わらぐつもあります。一番多いのはミジカだね。モンペも多いけど、新しく縫ってくれたものがほとんど。お腰もそうで、人にあげるのは抵抗があったようです。

集まった野良着を見ていると、時代によって変化しているのが分かります。モンペだと、腰で結んでいたひもがゴムに変わったり、洋服のように曲線裁ちを取り入れたり。和服の野良着もいきなり消えたのではなく、戦後洋風に改良され、和洋折衷の時代もあったのです。

だけど民俗資料を自宅で保管するのは大変ですよ。場所を取るし、年に2回は虫干しをしなくちゃいけない。平成3(1991)年の台風19号ではひどい目に遭った。自宅の屋根が剝がれて、集めた野良着や資料も水浸しになってしまったの。泣く泣く処分して、無事に残ったのは300点

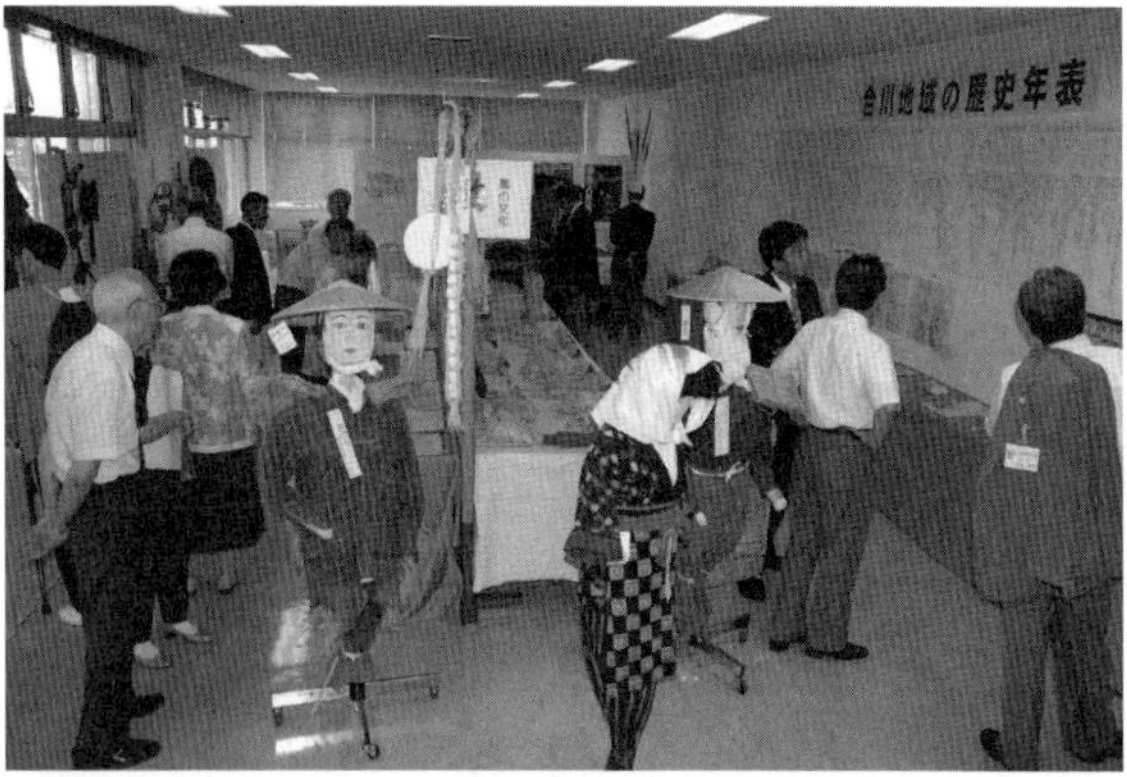

旧合川町庁舎にオープンした合川歴史民俗資料室＝平成18年9月1日

ほどだべか。

町では文化財保護協会が中心となって民俗資料館の設置を求めていましたが、ずっと実現しなかった。合併を機に「合川歴史民俗資料室」ができたのは18年です。野良着の一部もそこに落ち着くことになりました。

■ 地域の民俗、次世代に

「背中見せていかねば」

平成18（2006）年9月1日、「合川歴史民俗資料室」がオープンしました。場所は北秋田市合川支所の2階。17年の合併で使わなくなった旧合川町議会の議員控室です。

旧合川町では、合川文化財保護協会が中心になって昭和40年代から民俗資料の収集をやっていましたが、保管や展示場所の確保が長年の課題でした。私の主人、福岡龍太郎（87）が会長（平成4～22年）になってから町をはじめさまざまなところに打診したんだけど、良い場所がなくて。合併で庁舎の空きスペースが活用できると聞いた時は喜んでね。開設式で主人は「親の背中を見て子は育つと言うように、私たちは地域の歴史を理解しながら未来を構築していく。展示を通して郷土の歴史民俗を次代に伝えたい」とあいさつしていました。

展示資料は約500点。県無形民俗文化財になっている「猿倉人形芝居」の衣装のほか、民具だと農機具や林業で使った道具、衣食住に関わる道具にわら細工。そして文献や資料。私が収集した野良着関係も約100点あります。オープン時には寄贈してくれたおばあさんがたも来て、懐かしがっていました。

資料室では、見学希望があれば、運営委員である合川文化財保護協会の会員や地元の人たちが付き添って説明をします。私も主人も説明しますが、今の人に昔のことを理解してもらうのは難しいですね。時代が変わり過ぎてしまって。小学生も来ますが、「昔はわらぐつ履いて学校に行きました」と言っても想像できないものね。でも箕《み》を使って豆殻を飛ばす実演をしたりすると楽しそうに見てい

合川歴史民俗資料室で夫と＝平成29年4月

るし、手紙で質問もよこしてくれます。ちょっとでもいいから昔の人の働きを知ってもらえればね。

資料室は昨年で10周年を迎えました。私たちも年いってしまって活動は大変だと思うこともあるけど、そんな時は主人にこう言われるの。「背中を見せていかねばね」

若い女性たちに期待

この10年ほどは民俗調査より、編集の仕事で忙しくなりました。合川地方史研究会の会誌「史友」の編集のほか、4年前からは「母の実」の編集委員長もやっているからです。「母の実」は旧合川町の農家の女の人たちが始めた生活記録集で、私も昭和36(1961)年の創刊当時からずっと購読していました。

「母の実」は年1回発行で、締め切りは年末。原稿は編集委員や会長が目を通します。「うまく直してけれ」と言う人もいるけど、なるべくその人の文章を生かすようにしています。以前は昔の仮名遣いや方言を直したこともあったらしいけど、私は「ゐろり」とあればそのまま。「い」ではなく「ゐ」と書く時代に生きた方だから、それを大事にしたいと思います。

基本的にテーマは自由です。日々の暮らしで思うことや人生の決断、昔っこ。昔は嫁姑《しゅうとめ》問題なんか赤裸々に書いたものだけど、あれほど激しい文章は最近はないですね。

苦しみや煩悶《はんもん》はいつの時代にもあると思うんだけど…。編集側としては本音をもっと書いてほしいと思う半面、書き手側としては周りの反応を考えると刺激的なことは書きにくい。私自身、自分の嫁姑問題は書けないでいるしね。まあ程度はあるにしろ、本音で書くというのは「母の実」の良さだから守っていきたいですね。

「母の実」は今年で創刊56年を迎えました。これほど続いている生活記録集は全国でも珍しいそうで、長年「母の実」を調べている女性の研究者もいますし、昨年は別の大学の先生が合川に来ました。85号の合評会では、母の実会の伊東和子会長が「続けて書いていることが認められた」と

85号の合評会で（左）＝平成29年5月9日、合川公民館

報告していましたが、その通りだと思います。

母の実会に限らず、昔からある会には会員の高齢化や減少という悩みがつきものだけれど、85号には新会員5人が原稿を書いてくれました。若い人たちがどんな女の歴史を書いていってくれるのか、楽しみですね。

美意識、いつの時代も

手甲の赤いひもに引かれて調査を始めて30年以上がたちました。今思うのは、野良着の美とは制約の中で生まれたということ。今は何着ても自由ですが、昔は違いました。江戸時代の慶安御触書《おふれがき》では、農民の生活を事細かく規制してあって、着るものは麻か木綿だった。最初に御触書を読んだ時は、こんな時代の女の人は幸せだったのかと思いましたね。私も農家出身だから、余計に身につまされた。

でも調査を進めるうち、こういう時代でも何かの形で思いを衣服に託したのではないかと思うようになった。ひもや縁取りにわずかに使った赤い布や女らしい袖、見苦しくない継ぎの仕方…。何百という野良着を見てきて思うのは、なんぼ苦しい中でも、美しくありたいというのは人間の本能なんですね。これが私の研究で一番の収穫です。

制約だらけの生活はつい数十年前までありました。そんな中で女たちは衣食住を整え、子どもを育て、家業を支えた。女の働きはとても大きかったのです。こういう時代を乗り越えてきて今がある。昔の人がたの工夫を記録し、後に伝えていくことに私は責務のようなものを感じています。

野良着の調査は、平成19（2007）年の合川地方史研究会の「史友」30号に「ソデナシ」について書いたのを最後に一度終わらせました。次に調べたのは箕《み》です。一度ほかの民俗の調査をやってみると楽しくてね。その後も蚊帳とか信仰とか手を広げました。どれも消えつつあるものだから。

でもそろそろ野良着に戻ろうと思っています。ソデナシでまだ書きたいことがあるし、阿仁地方特有のスネカラモッペについても自分の考えを

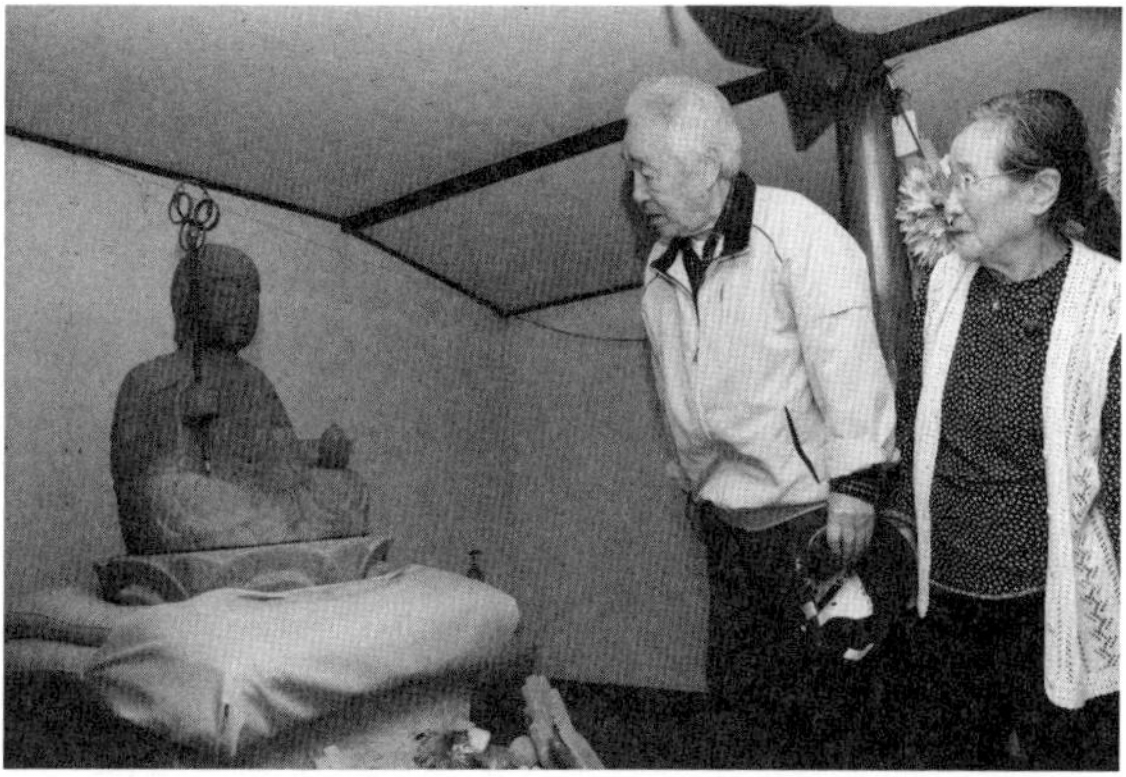

二人三脚で民俗調査をしてきた夫と＝平成29年6月9日、北秋田市の大滝神社

深めたい。満足するものが残せるか分からないけれど、書かないでいればなかったことになってしまう。若い人に続いてもらうためにも、私がたが背中を見せていかねばね。

本書は秋田魁新報の連載記事「シリーズ　時代を語る」（２０１７年5月22日～6月28日）を一冊にまとめたものです。一部加筆・修正しました。（聞き手＝藤原佐知子）

年譜

福岡サヨ　略年譜

1929（昭和4）年　9月30日、旧下小阿仁村三木田字摩當（現北秋田市三木田字摩当）に生まれる。旧姓成田。

1936（11）年　下小阿仁尋常高等小学校（後の合川南小）に入学。

1944（19）年　秋田師範学校に入学。

1945（20）年　学徒動員で群馬県へ。

1949（24）年　秋田師範学校卒業、下小阿仁中学校へ赴任。

1952（27）年　父死去。

龍太郎と結婚。

1953（28）年　長男・龍彦が誕生。

1962（37）年　長女・玲子が誕生。

1971（46）年　合川東小へ赴任。

1975（50）年　9月、筑波教育研究所へ出向（10月まで）。

1976（51）年　合川南小へ赴任。

1983（58）年　5月26日、合川南小6年生の北海道修学旅行に同行して青函連絡船に乗船中、日本海中部地震が発生。

1984（59）年　合川北小へ赴任。

1985（60）年　3月、龍太郎とともに早期退職。

1990（平成2）年　合川地方史研究会が発足。

1991（3）年　合川地方史研究会誌『史友』に「野良着の美」連載開始。

1997（9）年　『村の女たちの美意識―テウェ、モッペ、ミジカ』を発行。
女性民俗学研究会に入会。

1998（10）年　『村の女たちの美意識―衣への祈り』発行。

1999（11）年　『村の女たちの美意識―野良着の袖、衿の美』発行。

2000（12）年　女性民俗学研究会研究誌『女性と経験』に投稿始める。
「芙蓉の会」発足（2016年まで）。
2002（14）年　合川町功労賞受賞。
2006（18）年　「合川歴史民俗資料室」がオープン。「衣の文化」を担当。

【主な役職】

大館北秋教職員組合女子部部長、旭水会会員、女性民俗学研究会会員、衣の民俗館友の会会員（中部史学会会員）、合川地方史研究会会員、同会研究誌『史友』編集委員長、同会理事、鷹巣阿仁部ふるさと市町村圏計画審議委員、合川町総合発展計画審議委員、合川歴史・民俗資料室運営委員、合川町文化財保護協会副会長、北秋田市文化財保護団体連絡協議会会員、北秋田市立合川中学校学校評議委員、芙蓉の会会員、合川駅前地域活性協議会委員、合川地域「母の実会」編集委員長、北秋田市「心のふれあい相談員」

【主な著書】

『村の女たちの美意識―テウェ・モッペ・ミジカ他』、『村の女たちの美意識―衣への祈り』、『村の女たちの美意識―野良着の袖・衿の美』、『母に捧げる詩』、『お高祖頭巾―母のお高祖頭巾から』、『故郷のロマンを辿る』、『忘れ草を摘む』、『祈りの子育て』、『忘れ草の旅路』、『忘れ草の今昔』、『故郷もとめて』

あとがきにかえて

あとがきにかえて

昭和の恐慌時代に農家の長女として生まれ、衣食住とも不自由なく生活。子ども時代は思いっきり野山を走り回った私は、とにかく動き、働くことが好きでした。そして、父や母を少しでも楽にさせたい一心で、いつも農作業を手伝っていました。

高等科二年のときの誕生日に、父は「女は嫁に行っても、どんなことがあるか分からないから、何か手に職を持たねば駄目だ。おめぇだば医者にもなれねぇべし、できれば産婆か看護婦にでもなれ。そのためのお金は出しやるからな」と言いました。私に農業を続けさせることは、初めから念頭になかったようです。おかげで私は思う存分、働くことができたように思います。

秋田魁新報社記者の藤原佐知子さんが私の自宅を訪問してくれました。そして予想もしていなかったことが形になりました。秋田魁新報で連載中の聞き書き「シリーズ時代を語る」に取り上げてくれたのです。まさに〝寝耳に水〟です。田舎の一老婦であり、米寿を迎えた私に、連載のおよそ四十回分も語れるのだろうか、これまでの節目のあれこれを確認するための古い資料は探し出せるだろうか、と気掛かりでした。でも、美人記者の藤原さんのアドバイスを得ながら、私自身のことばかりでなく、曽祖父母、祖父母や親類との思い出をたどってみました。すると、ゆっくりとではありますが、いろいろな事柄が次第に思い出され、いつどんな場所だったのかも心の中で再現できたのです。記憶のメカニズムの確かさ、というようなものにとても驚きました。

また、取材を受ける中では、ときには脱線しがちでしたが、藤原さんの巧みなインタビュー術で本論へと導いてくれました。そんなこともあって、身を切るような辛かった思い出が、なぜか懐かしいひとコマとなってよみがえるのです。これには驚いてしまいました。

私の歩んだ道程は、大きな仕事を成し遂げたわけでもなく、新聞で語れるほどの価値あるものでもありません。それでも、紙面を読んでくださった多くの方々から「懐かしく、興味深く読ませていただきました。友達にも読んでみるよう勧め、息子や娘には連載記事を切り取って送っています」などというお便りやお電話をいただきました。ですので、何かしら歯がゆい思いもしています。

私はこの「シリーズ　時代を語る」を通して色々なことを教えられました。新聞編集のことや文章の書き方など、藤原さんから随分とご教示いただきました。あらためて感謝を申し上げます。

働くことの大好きな私が、農村の女性たちが身に着けていた手甲の美に魅かれ、七十余年の歳月が過ぎました。手甲はもちろん女性の野良着姿も日常生活から既に消え去りました。それにもかかわらず、過ぎた日々の風景がいまだに鮮やかに思い出されるのです。自宅近くの草原で笑いさざめきながら、手甲の赤い紐を結んでいた光景が一幅の絵のようになって私を当時へと引き戻してくれるのです。

ただ、それだけに過ぎないかもしれない一老婦を「シリーズ　時代を語る」に登場させてくださいました。藤原さんの優しい人柄に打たれたのはもちろんですが、「この人をして何をどう語らせるか」という聞き書きの妙と記事をまとめる構成力は、さすがプロの新聞記者と感じ入りました。それで、ついつい語らざるを得ず、という次第でした。

連載を読んでくださった方々からは温かいお言葉をたくさん頂き、恐縮しております。ただ、今はまだ文化財関係の仕事や研究会誌の編集作業などが山積し、お礼を申し上げる時間が割けない状況です。いずれ近いうちに、感謝のお手紙を差し上げるつもりですので、どうぞよろしくお願い申し上げます。

私は働くことが好きだったから、朝早く起きて稲こきをして学校へ行くことのできた家庭に生まれた幸せを噛みしめてきました。そのことを老齢になってあらためて知ることができたのは秋田魁新報社のお陰です。そして新聞がこのように事細かに正確に、しかも人々のさまざまな思いを尊重しながら真実を報道・編集していることを間近に知ることができました。かつてわが家では「新聞を跨ぐものではない。跨ぐと罰が当たる。足が曲がるぞ」と言われていました。新聞は知の源泉と言えるからだったかもしれません。取材に来ていただいた藤原さんとともに秋田魁新報社の編集局の皆さんのお陰で三十七回も連載していただきました。ここに厚く感謝を申し上げます。出版に際しては出版部の大和田滋紀さんにお手数をお掛けいたしました。有り難うございました。

また、連載に当たっては合川公民館館長の佐藤隆男さんをはじめとして直接、間接に多くの方々のお世話になりました。この場をお借りしてそのお一人お一人のお名前を記すべきかもしれませんが、もしかすれば差し障りもあろうかと考え、お礼の言葉のみにて失礼申し上げます。皆さまには本当に感謝の気持ちでいっぱいです。

二〇一七年十二月

福岡　サヨ

野良着に魅せられて

定　　価	本体 800円＋税
発 行 日	2018年1月18日
編集・発行	秋田魁新報社 〒010-8601 秋田市山王臨海町1－1 Tel. 018(888)1859 Fax. 018(863)5353
印刷・製本	秋田活版印刷株式会社

乱丁、落丁はお取り替えします。

ISBN978-4-87020-398-3 c0223 ¥800E